Bilingual Baby Book For Children of All Ages

狗

Gǒu

Dog

Practice

猫

Māo

Cat

Practice

牛

Niú

Cow

Practice

马

Mǎ

Horse

Practice

鸡

Jī

Chicken

Practice

羊

Yáng

Sheep

Practice

山羊

Shānyáng

Goat

Practice

兔子

Tùzǐ

Rabbit

Practice

驴

Lǘ

Donkey

Practice

鸭

Yā

Duck

Practice

猪

Zhū

Pig

Practice

蛇

Shé

Snake

Practice

鱼

Yú

Fish

Practice

公牛

Gōngniú

Bull

Practice

虫

Chóng

Worm

Practice

鼠

Shǔ

Mouse

Practice

鸟

Niǎo

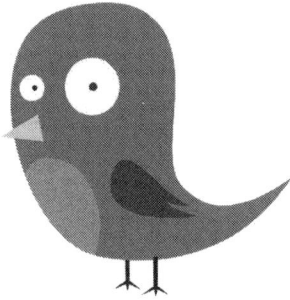

Bird

Practice

青蛙

Qīngwā

Frog

Practice

龟

Guī

Turtle

Practice

猫头鹰

Māotóuyīng

Owl

Practice

鲨鱼

Shāyú

Shark

Practice

鲸

Jīng

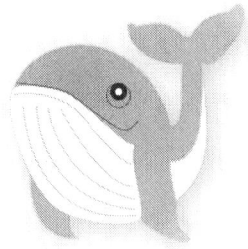

Whale

Practice

Practice

Practice

Practice

Practice

Practice

Practice

Practice

Practice

Practice

Practice

Practice

Practice

Practice

Practice

Practice

Practice

Practice

Practice

Made in the USA
Las Vegas, NV
06 October 2021